Ll6 45 477

QUE VOULOIENT

CEUX DE NOS BRAVES

QUI ONT PARU

REGRETTER LA GUERRE?

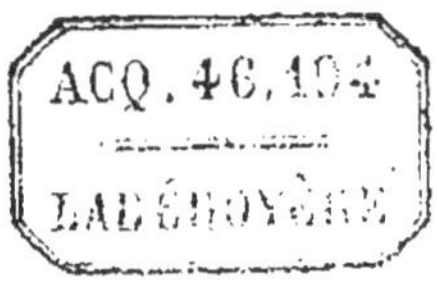

PARIS,

Chez { LE NORMANT, Imprimeur-Libraire, rue de Seine;
{ BLANCHARD, Libraire, Palais-Royal, galeries de bois.

1814.

AVANT-PROPOS.

———

Je n'ai point été surpris de voir
des guerriers regretter la guerre,
ce n'est point en temps de paix
qu'on cueille des lauriers ; mais j'ai
partagé l'opinion de la France et
de l'Europe sur l'ardent désir d'en
voir finir les ravages. Peut-être est-
il encore quelques militaires français qui regrettent les batailles et
le généralissime qui les menoit si
souvent aux combats : puissent

quelques observations les rame-
ner aux sentimens pacifiques et
humains que nous ont apportés
de magnanimes potentats dirigés
par une politique véritablement
royale !

QUE VOULOIENT

CEUX DE NOS BRAVES

QUI ONT PARU

REGRETTER LA GUERRE?

—

Que vouloient ceux de nos braves qui ont paru regretter la guerre?

N'étoient-ils pas contens d'avoir donné mille preuves de leur bravoure, en affrontant presque tous les jours les balles et les boulets, les éclats de la grenade, de l'obus et de la bombe? N'avoient-ils pas été assaillis assez souvent par des volées de balles et de mitraille au travers du visage, du corps et des membres? N'étoient-ils pas contens d'avoir donné mille preuves de leur courage à supporter avec constance et fermeté la faim, la soif, le chaud, le froid, la fatigue excessive, les douleurs causées par les blessures et les maladies? N'avoient-ils pas assez long-temps couché sur la glace, dans la boue, sur le pavé, dans la neige? N'avoient-ils pas assez vu de têtes fendues,

de joues pendantes sur les épaules ; de mal-
heureux avec un membre de moins ? N'a-
voient-ils pas vu mourir un assez grand
nombre de leurs compagnons d'armes, le
long des chemins, dans les hôpitaux et sur
les champs de bataille ?

Les chevaux couchent dans des écuries,
les bêtes à cornes dans des étables, les
chiens dans des chenils, les animaux les
plus immondes dans des toits à porcs ; et
nos guerriers, couchés sur la dure, avoient
encore à recevoir pendant le repos de la
nuit, la pluie, la neige et la grêle quand
il en tomboit. Autrefois on campoit, et l'on
prenoit des quartiers d'hiver. Des révolutions homicides n'avoient point appris à
des Français à faire moins de cas de la vie
des hommes que l'on n'en fait de la vie
d'un chien ou d'un chat.

N'avoient-ils pas vu tomber assez de ba-
taillons, lorsque pour enlever une batterie
l'on commandoit *telle brigade en avant*,
puis de nouveau telle brigade *en avant*, et
ainsi de suite jusqu'à ce qu'on fût arrivé à
la batterie derrière des remparts de cadavres,
et qu'on l'eût enlevée ?

N'avoient-ils pas payé de leur personne
assez souvent, lorsque le commandement
marche enlevoit des lignes de cavalerie sur
des lignes de cavalerie ennemie ; des lignes
d'infanterie sur des lignes d'infanterie ennemie, et des corps de cavalerie sur des

corps d'infanterie ? Tantôt on marchoit en masse sur des masses qui s'ouvroient dans l'instant, et démasquoient soudain des batteries de canons chargés à mitraille. Une grêle de balles et de ferraille vomissoit la mort dans les rangs; tantôt des masses de cavalerie enfonçoient des carrés d'infanterie, après avoir fait des trouées dans les rangs et dans les files avec le boulet et la mitraille. Tantôt on s'abordoit de suite, et l'on se hachoit à coups de sabre; on s'exterminoit à coups de baïonnette; la terre étoit jonchée de morts, de mourans et d'estropiés. On emportoit les blessés à charretées, on les déposoit dans des hôpitaux, d'où peu de temps après on en portoit la plupart en terre. Malheur à ceux que l'acier, le fer et le plomb avoient mis hors de combat! On avoit beaucoup parlé d'humanité, mais on n'en montroit point. N'avoient-ils pas payé de leur personne assez souvent à ces spectacles de carnage et d'horreur?

N'avoient-ils pas pris et repris assez souvent des villages retranchés dont il falloit déloger l'ennemi pour s'y défendre à leur tour? N'avoient-ils pas montré la plus grande valeur dans l'attaque de ces villages, et la plus grande intrépidité dans la défense? la plus grande valeur pour en chasser des ennemis braves et opiniâtres, comme pour y rentrer malgré des barricades faites avec des charrettes, des pièces de bois, des tonneaux, du fumier, et malgré les coups de fusil tirés des endroits élevés; la plus grande intrépidité pour y tenir quelquefois jusqu'à ce que ces villages fussent en proie aux flammes? Le spectacle de ces villages incendiés n'avoit - ils pas fait sur eux une forte impression?

N'avoient-ils pas vu maintes et maintes fois des bandes nombreuses de femmes, de vieillards, d'hommes, de filles et de garçons fuyant leur demeure; des femmes emportant de petits enfans sur leurs bras, des vieillards tenant d'autres enfans par la main; des filles et des bergers emmenant ce qu'il leur restoit de vaches et de brebis, tous allant se réfugier dans les bois, les uns fondant en larmes, les autres d'une tristesse à faire compassion? Cet autre spectacle ne les a-t-il point assez fortement frappés?

N'avoient-ils pas vu trop souvent des convois de charrettes remplies de blessés, dont la plupart n'avoient pas eu le premier pansement, de blessés couchés sur la paille, ne pouvant supporter la position où ils étoient, et ne pouvant pas remuer pour en changer; de blessés présentant le tableau désolant de bras cassés, de jambes rompues, de visages défigurés, de vêtemens couverts de sang; de blessés souffrant double douleur à chaque soubresaut dans les chemins, et sur le pavé dans les rues? N'avoient ils pas entendu trop souvent le cri plaintif de l'un : *Ah! mon*

Dieu! le cri plaintif arraché par la douleur à un autre ▸ *Ah! que je souffre!* Cet autre spectacle ne les avoit-ils point émus de manière à s'en souvenir long-temps?

Et pour qui tant de sang versé dans les champs de Bellone, dans les champs de cette déesse qu'on dépeint ensanglantée, les cheveux épars, tenant d'une main une pique ou une faux, et de l'autre une torche ardente? pour qui tant de sang français répandu? Pour un homme qui n'est pas Français, et qui n'aime pas les Français.

Que vouloient ceux de nos braves qui ont paru regretter la guerre?

Vouloient-ils que l'on continuât de les prodiguer, comme on ne prodiguoit pas autrefois ce métal que la terre nous donne, et que la main de l'homme façonne? Nous ne faisions pas souvent l'exercice à balles, pour ménager le plomb.

Vouloient-ils que l'on continuât d'enlever aux pères, aux mères, aux veuves, aux vieillards, aux infirmes, l'enfant qui leur restoit pour unique soutien? que l'on fît marcher jusqu'aux chefs de famille, pour les envoyer, non pas à des combats presque continuels, mais à des boucheries presque journalières?

Vouloient-ils que l'on privât pour toujours de leurs enfans des milliers de familles dont le dernier fils venoit d'atteindre l'âge de malheur? qu'on fît des milliers de nouvelles veuves, et qu'on mît le deuil dans le cœur de quelques milliers de nouvelles familles?

Vouloient-ils que, dans tous les états, à commencer par le laboureur et l'artisan, il n'y eût plus qu'une profession, celle de tuer des hommes et de se faire tuer? Vouloient-ils que le cultivateur et l'ouvrier perdissent l'habitude et le goût des travaux utiles, et que, pour remplacer les fruits du travail, ils s'adonnassent au brigandage? Vouloient-ils que le genre de vie le plus anti-social, qui ne convient qu'à des barbares, devînt le genre de vie des soldats français? Non, ils ne songeoient qu'à la gloire.

Une nation que l'on disoit régénérée lorsque des hommes corrompus s'étoient efforcés de la démoraliser; une nation que l'on disoit régénérée lorsque des hommes dégénérés s'étoient appliqués à lui ôter la civilisation; une nation que l'on disoit régénérée, parce que nous étions encore en révolution, et que pendant nos révolutions on nous donnoit le noir pour le blanc, et le faux pour le vrai; une nation enfin que l'on disoit régénérée, ce qui suppose les vertus sociales, pouvoit-elle continuer à porter de tous côtés les dégâts, les désastres et les horreurs des guerres d'invasion? Quel genre de vie que celui d'aller piller, ruiner et désoler les habitans paisibles des villes et des campagnes!

Quand on ne trouve pas de bois à portée

des bivouacs (et nos armées presque toujours étoient au bivouac), on enlève, pour
faire du feu, les portes, les fenêtres, les
bancs, et jusqu'aux soliveaux des bâtimens,
qu'on démolit pour les avoir : on enlève
jusqu'aux crêches, aux rateliers, aux échelles,
aux bois des charrues : on enlèveroit jusqu'aux bois de lit et aux armoires, si l'on
ne trouvoit plus rien.

Pour continuer la guerre, et faire face
aux armées des illustres confédérés, il auroit
fallu qu'on arrachât de force les bras qui
restoient à l'agriculture, aux arts, aux mé-
tiers, au trafic; que l'on sacrifiât les restes
d'une population épuisée par vingt années
de guerres contre les diverses puissances de
l'Europe. Notre population, réduite à elle
seule, pouvoit elle lutter contre la population des puissances de l'Europe, qui ont eu
de longs intervalles de paix ?

Non-seulement nous avons fait la guerre
à presque toutes les nations de l'Europe,
pendant que tantôt l'une étoit en paix, tantôt
l'autre; nous avons fait des pertes comme
elles n'en ont point essuyées; nous avons
perdu des armées de terre, et le personnel
et le matériel; nous avons perdu des escadres,
nos colonies, leurs munitions, leur artillerie.

Mais, si nous n'avions pas eu la paix, les
Vendéens et les habitans de l'ouest de la
France alloient se battre contre les troupes
du gouvernement qui vouloient forcément

les employer : la guerre civile alloit éclater. Les conscrits, au lieu de partir, s'armoient et se rassembloient par petites troupes. En vain des colonnes mobiles alloient à la chasse de ces hommes, comme les chasseurs vont à la chasse des renards et des loups; en vain on mettoit en prison leurs proches parens; en vain on ne leur donnoit que du pain et de l'eau pour vivre; en vain on ne leur donnoit que de la paille pour se coucher : ces actes de rigueur ne faisoient pas l'effet qu'un gouvernement barbare en attendoit. Les pères et les mères aimoient mieux souffrir que de voir partir les enfans qui leur restoient, pour le service d'un gouvernement illégitime et tyrannique.

Les conscrits, armés et rassemblés par petites troupes, mettoient à contribution les acquéreurs de biens dits nationaux, pour se venger sur eux de ce qu'ils excitoient à leur donner la chasse, et à mettre leurs proches parens en prison : ils les mettoient à contribution pour avoir de quoi se nourrir et se vêtir.

Les colonnes mobiles se faisoient nourrir par les parens et les amis réels ou supposés des conscrits. Elles leur reprochoient de soutenir des rebelles; elles commençoient à maltraiter des gens de la campagne, parce qu'ils ne leur disoient pas : *Nous en avons vu passer par ici, nous en avons vu là.* Elles commençoient à prendre chez eux ce qui leur convenoit ; elles alloient bientôt piller, et brûler peut-être, comme cela s'est pratiqué dans la Vendée.

En vain on auroit signalé sous les noms de rebelles et de criminels ceux qui ne vouloient pas aller se faire tuer pour une mauvaise cause et pour un Italien qui les opprimoit ; en vain on auroit signalé sous le nom de criminels les bonnes gens qui n'auroient pas eu le cœur de refuser à boire ou à manger à des parens et à desamis ; en vain on auroit brûlé des granges, des maisons, des villages : on n'auroit point empêché des mères, des épouses et des sœurs de donner à leurs fils, leurs maris et leurs frères, les secours que commande le cœur. Les exemples, qui sont d'un tout autre poids que la théorie et le raisonnement, ont prouvé que la punition de la mort n'arrêtoit pas la désertion. Ils ont prouvé que le fer et le feu n'avoient point arrêté les Vendéens.

Et, quelle morale que celle de traiter de criminels des gens qui obéissent à l'humanité, qui compatissent au malheur, et qui assistent ceux qui leur sont unis par les liens du sang ! Quelle morale que celle de traiter de criminels ceux qui veulent remplir leur devoir en servant la cause d'un Roi légitime. annoncé par des proclamations !

Les pères et les mères pouvoient-ils dire à leurs enfans de partir et d'aller se faire casser la tête ou les bras pour un gouvernement qui leur arrachoit ce qu'ils avoient

de plus cher ? Pouvoient-ils dire à leurs fils:
Vas verser ton sang pour l'ennemi de ton
Roi, pour l'ennemi de la France, pour l'en-
nemi du genre humain ?

Dans la position affreuse où nous étions, ne
sommes-nous pas heureux, et mille fois heureux, d'avoir la paix honorable et solide que
nous avons ? Elle doit être solide; elle est
basée sur le rétablissement de la balance
européenne.

Valoit-il mieux que l'on défendît cette antique et vaste cité, notre capitale, jusqu'à
ce qu'elle fût prise et pillée ? Valoit-il mieux
qu'on la reprît ensuite pour qu'elle fût prise
une seconde fois par les troupes étrangères ?
Valoit-il mieux qu'on provoquât les horreurs
du pillage, de la dévastation et de l'incen-
die, dans une ville immense qui est en relation
d'affaires avec toutes les villes de France ?

Valoit-il mieux qu'ensuite on portât le
théâtre de la guerre sur les rives de la
Loire ; de là, dans une autre partie de la
France ; puis dans une autre partie, et dans
une autre encore; que, de tous côtés, l'on
forçât les cultivateurs de laisser la charrue,
la bêche et la faucille, de fournir leur personne et leur harnois ? Valoit-il mieux qu'on
les forçât de s'armer de brocs, de fourches,
de pics et de haches; qu'on les obligeât de
couper leurs ponts, de détruire leurs chaus-
sées, de défoncer leurs chemins, d'abattre
leurs arbres, et de faire des abattis sur les

passages par où l'ennemi pourroit arriver ? Valoit-il mieux qu'on les forçât de se barricader dans leurs maisons, dans leurs étables, dans leurs granges ; d'en creneler les murs, et de s'y défendre, pour y faire jeter des grenades et des obus, et voir dévorer par les flammes tout ce qu'ils possédoient dans le monde ?

Et, pour qui tant de pertes, tant de malheurs, tant de désastres ? Pour un homme qui prolongeoit les maux qu'ont attirés nos infâmes révolutions, au lieu de jouer le superbe rôle que joua le célèbre général George Munck vis-à-vis du roi d'Angleterre, Charles II.

Qu'on se figure les dégâts que font un grand nombre de corps d'armée amis, et un grand nombre de corps d'armée ennemis, dont un seul étoit presque aussi considérable que les armées avec lesquelles le Grand Condé et M. de Turenne faisoient de si grandes choses.

Valoit-il mieux que tous nos départemens fussent ravagés les uns après les autres ; que la surface de la France fût arrosée du sang de nos guerriers ; que dans toutes les contrées de la France on creusât de profondes et vastes fosses, pour les emplir de cadavres ; que les champs des diverses parties de la France devinssent des cimetières ; que la peste vînt à s'ensuivre, et qu'un nouveau fléau désolateur vînt combler la mesure, en moissonnant une grande partie des restes de notre population ?

Valoit-il mieux nous réduire à la misérable condition où furent autrefois les Germains, aujourd'hui les Allemands, d'où sont venus les Francs, dits Français, depuis le cinquième siècle ? Ils habitoient le voisinage des bois et des marais ; ils avoient un désert autour d'eux. Un faisceau d'herbes ou de peaux faisoient leur siége ; une peau d'animal ou de la paille étendue par terre formoit un lit. Un cheval, une lance et un bouclier, voilà ce qu'ils avoient de plus précieux.

On dira peut-être qu'on ne voit point de nations sauvages entre des nations civilisées. Cependant il y a des Algonquins, des Esquimaux, des Iroquois et des Hurons, à côté des Canadiens et des Anglo-Américains. Cependant, la Corse étoit à demi-sauvage il y a cinquante ans. Les femmes du peuple, en Corse, alloient à pied, jambes et pieds nus ; les femmes y étoient, à défaut de bêtes de charge, les porte-faix du pays. Les hommes alloient à cheval et les pieds chaussés, regardant aller et venir des femmes chargées comme des mulets. Cependant la Corse est entre la France et l'Italie.

La vengeance, dans le pays dont je parle, se transmettoit, comme un héritage, d'une génération à l'autre. Une femme avoit-elle eu son mari tué, elle gardoit soigneusement sa chemise ensanglantée ; elle la montroit à ses fils avant même qu'ils portassent le stilet et le fusil. Un Corse ne s'éloignoit guère de chez lui sans avoir le stilet à la ceinture et le fusil au bras. Voyez cette chemise, disoit-elle à ses fils, c'est la chemise que votre père avoit sur le corps quand il fut tué. Regardez ce sang, c'est le sang de votre père, c'est le sang de celui à qui vous devez la vie, c'est le sang qui coule dans vos veines : vous devez venger sa mort sur les hommes de cette famille.

Que vouloient ceux de nos braves qui ont paru regretter la guerre ?

Vouloient-ils qu'on désorganisât tout, en enlevant à l'agriculture ceux qui mènent le harnois et ceux qui tiennent la charrue, les forgerons et les charrons qui font et qui raccommodent ces précieux instrumens du labourage ? Il y avoit des métairies sur lesquelles il ne restoit qu'un homme, le chef du ménage. Vouloient-ils qu'on désorganisât tout, en enlevant aux moulins ceux qui les font aller, et ceux qui les raccommodent ; au roulage, les voituriers ; aux transports par eau, les bateliers ; aux séminaires, ceux qui se destinent à remplacer les curés qui manquent ; aux écoles de chirurgie, ceux qui apprennent à panser les blessures ; aux colléges, les jeunes professeurs et les grands écoliers ?

Vouloient-ils qu'on fournît au recrutement des armées, de nouveaux gardes-d'honneur, pour les envoyer aux combats avant qu'ils sussent manier leur cheval? On avoit poussé la tyrannie jusqu'à faire partir des fils uniques qui avoient fourni plusieurs remplaçans, et dont la présence étoit nécessaire chez eux.

Vouloient-ils qu'on nous obligeât de fournir une troisième fois des chevaux pour les troupes et pour l'artillerie? Cela ne se pouvoit plus.

Vouloient-ils que les départemens fournissent de nouveaux gardes-nationaux habillés et équipés, pour les envoyer au feu avant de leur avoir appris les diverses positions du soldat dans les feux, et pour les tromper sur leur destination, comme on avoit trompé les cohortes? S'il en restoit, il n'en restoit guères.

Vouloient-ils que les cités fissent le sacrifice de leurs gardes urbaines? On a pu juger de l'esprit des citadins, par ce qui s'est passé à Bordeaux, à Lyon et à Paris, quand on y a su qu'un de nos princes étoit en France. Pouvoit-on balancer entre un étranger qui sacrifioit les Français par milliers à son insatiable ambition, et des Princes français qui venoient sauver leurs compatriotes?

On ne le pouvoit pas; mais combien de nos braves ne songeoient à autre chose qu'aux victoires remportées sur des troupes vaillantes et aguerries!

Si le gouvernement, qui ne faisoit que tromper, opprimer et envoyer à la bouche-

rie, avoit voulu faire partir les gardes urbaines, dont beaucoup n'étoient pas en état
de faire un service actif, qui les auroit arra-
chés à leurs femmes et à leurs enfans. Si l'on
étoit venu à bout de les faire partir, qui
auroit nourri les vieillards, les infirmes, les
femmes et les enfans qui vivoient, pour la
plupart, du travail de ces gardes?

Et, quand on auroit pu fournir des renforts
à nos belliqueuses armées, où auroit-on pris
de l'argent pour les solder? Les dettes de
l'Etat étoient immenses, les coffres étoient
vides; la plupart des contribuables étoient
hors d'état de payer: un gouvernement dé-
vorateur avoit tout épuisé.

Et quand on auroit pu fournir des renforts en hommes, et des fonds pour continuer
la guerre, pourquoi de nouveaux sacrifices?
Les étrangers, qu'on nous donnoit pour de
barbares ennemis, étoient-ils en effet de
barbares ennemis? Les meneurs et les agi-
tateurs, alors, comme à toutes les époques
de nos révolutions, ne donnoient-ils pas
les épithètes injurieuses qu'ils méritoient
eux-mêmes, à ceux qui ne les méritoient
point?

Ces étrangers venoient-ils enlever nos
filles et nos ouvriers, pour les envoyer en
Russie, comme d'insignes fourbes vouloient
le faire accroire? venoient-ils démembrer
la France? venoient-ils nous mettre à contribution? venoient-ils changer nos lois, nos

mœurs, nos usages? venoient-ils exercer la souveraineté chez nous? Non.

D'illustres et magnanimes potentats venoient briser nos fers et nous arracher à un joug humiliant. Ils venoient nous remettre dans l'état social. Ils venoient nous donner des exemples de modération et d'humanité, des exemples d'une haute et noble politique, des exemples dignes des grandes nations et des grands souverains. Ils venoient ôter la liberté de nuire à un homme qui désoloit l'Europe, et qui couvroit la France de deuil. Ils venoient replacer, sur le trône de ses ancêtres, un Roi fait pour y être assis, et nous rendre des princes dignes de notre amour, les Bourbon, les Condé. Ils venoient nous donner la paix, dont nous avions si grand besoin. Ils venoient nous remettre en relation d'amitié, de commerce et d'affaires avec les diverses nations de l'Europe. Ils venoient nous rendre les meilleurs offices et les plus grands services.

Et nous nous serions saignés aux quatre membres pour fournir contre eux des troupes à notre oppresseur! et nous aurions versé jusqu'aux dernières gouttes de notre sang pour le soutenir contre eux, contre notre Roi, contre nous-mêmes! Et n'avions-nous pas été trop long-temps comme en démence?

N'étoit-il pas juste que nous rentrassions dans l'ordre social, qui ne permet pas qu'un peuple se jette de tous côtés sur ses voisins pour envahir leur territoire, et bouleverser tout chez eux. Ne sommes-nous pas trop heureux de n'être plus sous la domination d'un étranger, pour lequel il falloit faire ce sacrifice, non pas de l'un de ses enfans, mais de presque tous ses enfans?

Ne sommes-nous pas trop heureux de n'avoir plus à souffrir et à rougir d'être sous la domination d'un homme que nous ont donné nos sanglantes révolutions? N'est-il pas glorieux pour nous, autant qu'avantageux, d'être sous le gouvernement paternel d'un Roi Français comme nous, et tel que Louis XVIII? Le chef de sa dynastie, qui monta sur le trône, il y a plus de huit cents ans, étoit duc de Paris et d'Orléans; il étoit le fils de Hugues-le-Grand et le petit-fils de Robert II, qui avoit été sacré roi de France. Il étoit neveu de Eudes, l'un des plus vaillans princes de son temps; de Eudes, qui avoit soutenu dans Paris plusieurs assauts contre les Normands, et qui avoit sauvé cette ville de la fureur de ces véritables barbares.

Je reviens à l'état de société. Une nation distinguée, comme étoit la nôtre avant ses ouragans et ses catastrophes, ne devoit-elle pas rentrer dans cet état, le seul qui soit digne d'elle?

Les Francs, de qui nous sommes venus, firent autrefois des invasions dans les Gaules, avant de s'y établir ; mais alors ils n'étoient pas civilisés. La chasse, la guerre et le brigandage faisoient la grande occupation de leur vie. La paix et le repos étoient une espèce de mort pour eux. Les Romains qui, depuis la conquête des Gaules par César, y dominoient, leur en vouloient tant que l'empereur Probus, après avoir gagné pluseurs batailles sur eux et sur d'autres peuples de la Germanie, et après les avoir chassés d'une infinité de villes dont ils s'étoient emparés, faisoit donner un écu d'or par tête de Franc qu'on lui apportoit. Les Romains leur en vouloient à tel point, que, sous l'empereur Constantin, on en fit exposer à Trèves, dans l'amphithéâtre, aux bêtes féroces.

C'est du temps que les Francs prioient et faisoient leurs cérémonies religieuses dans les lieux les plus sombres des forêts, dans des cavernes, dans des souterrains ; c'est du temps qu'ils adoroient le soleil, la lune, les rivières, les fontaines, et qu'ils immoloient à leurs dieux des loups, des cochons, des brebis.

Il n'est pas un guerrier français qui ne convienne qu'il seroit indigne de nous de revenir à ces temps où l'on alloit moissonner ce que les autres avoient semé ; à cet état agreste, sauvage et barbare ; à ces temps où la probité, la justice, la loyauté, la propriété, l'honneur et l'humanité, n'étoient que des mots vides de sens ; et où la force tenoit lieu de toute espèce de droits.

Que vouloient ceux de nos braves qui ont paru regretter la guerre ?

Vouloient-ils qu'on employât la fourberie, la terreur et la violence pour arracher et faire marcher tout ce dont il étoit possible qu'on fît des militaires, sans distinction de rang, d'état ni de profession, de l'âge de quinze à soixante ans et plus ; qu'on tentât de repousser au-delà du Rhin les Russes, les Autrichiens et les Prussiens, les Anglais, les Suédois et les Hollandais, les Espagnols et les Portugais, qui, tous, étoient en France mieux armés que nous, et mieux approvisionnés ? Vouloient-ils qu'ensuite on se jetât sur le Wirtemberg, sur la Bavière, etc., pour tâcher encore une fois d'ôter le sceptre et la couronne à des princes dignes du trône, pour les donner aux frères de Napoléon, comme s'il falloit qu'on en fît des rois, comme s'ils étoient faits pour monter sur des trônes, comme s'ils s'en étoient rendus dignes ?

Non, comme je l'ai déjà dit, nos braves ne songeoient qu'à la gloire. S'ils s'étoient occupés d'autres choses, ils auroient fait les réflexions qui suivent :

Que nous est-il revenu de toutes nos expéditions ? Le guerrier qui régnoit sur nous dernièrement en a fait, avec de grands moyens, en tous genres, et surtout avec de vaillantes armées : quels en sont les fruits ?

Il s'est fait livrer l'île importante de Malte ; il en est résulté que les Anglais nous y ont bloqués, qu'il a fallu capituler, et que Malte reste en leur possession.

Il a envahi l'Egypte, qui sans doute ne s'attendoit point à une invasion de notre part : que s'en est-il suivi ? Que nous y avons perdu une flotte et une armée : que les Anglais nous ont forcé d'évacuer cette antique et célèbre partie de l'Afrique, qu'ils l'ont remise au Grand-Seigneur, et qu'en rendant un aussi grand service à la Porte-Ottomane, ils l'ont disposée favorablement pour eux.

Etant en Egypte, il a fait une incursion en Syrie. En vain il a fait donner nombre d'assauts à la ville d'Acre : l'Anglais Sidney-Schmid par mer, et un émigré français enfermé dans la place, l'ont fait échouer.

Napoléon a fait des dépenses énormes en diverses espèces de bâtimens, pour tenter une invasion en Angleterre ; ces bâtimens n'ont seulement pas levé l'ancre pour faire voile vers les côtes britanniques.

Il a envoyé une flotte et une armée de terre à Saint-Domingue pour conquérir, sur les Nègres, cette île que les opérations de nos assemblées nous ont fait perdre, et où leurs funestes opérations ont fait égorger tous les blancs qui ne se sont pas hâtés de fuir : que nous est-il revenu de l'armée de terre et des gens de mer employés comme soldats ?

Nos belliqueuses armées sont allées à Vienne et à Berlin, après avoir remporté de brillantes victoires. Qu'est-ce que cela nous a valu ? L'honneur du succès. On a mis l'Autriche et la Prusse à contribution ; qu'en est-il resté ? Rien.

Deux fois nos troupes ont eu Lisbonne et ses forts, deux fois nos troupes ont été forcées d'évacuer cette capitale du Portugal et ses forts. Le résultat a été que les Portugais ont de grandes obligations au fameux gouvernement britannique et au célèbre lord Wellington.

Le conquérant manqué dont je parle a employé des moyens indignes d'un grand homme et d'une grande nation pour envahir l'Espagne. Quelles pertes n'avons-nous pas faites en hommes, en réputation, en chevaux, en artillerie, en munitions de bouche et de guerre ?

Une superbe armée, qu'il commandoit, est allée de victoires en victoires jusqu'à l'ancienne capitale du vaste empire des Russes; une partie est morte de faim, de froid et de fatigues; une partie est restée en Russie, d'où il n'en reviendra peut-être pas beaucoup, vu ce qu'elle a souffert. Le matériel d'une armée immense a été perdu sans retour, et quelles ont été les suites de cette fatale campagne? Qu'il a fallu faire des levées extraordinaires et incroyables, en hommes et en chevaux; qu'il a fallu prendre jusqu'aux canonniers et aux canons des ports

de mer, et créer en quelque sorte de nouvelles armées.

L'Italien, qu'un échec aussi considérable
n'avoit pas rendu circonspect, a porté ces
nouvelles armées dans la Saxe. Une partie y
a été détruite, une autre y est restée prison-
nière, le reste s'en est revenu précipitam-
ment. Tels sont les fruits de nos expéditions
militaires.

Non-seulement tout s'est réduit à des
pertes incalculables pour nous, sur le conti-
nent et au-delà des mers, en perdant nos
colonies; les Hollandais, nos alliés, ont perdu
les riches établissemens qu'ils avoient en
Asie et en Afrique. Nous ne pouvions con-
server nos îles de l'Amérique et de l'Afrique,
ni protéger les établissemens des Hollandais,
avec une marine dont les Anti-Français, qui
se disoient patriotes, avoient fait fusiller tout
ce qu'ils avoient pu faire détruire d'officiers
de la marine: ceci faisoit vaquer pour toujours des places à remplir par leurs parens.
Ces faux patriotes n'étoient autre chose que
des hypocrites et des charlatans, uniquement
occupés de leur fortune et de leur élévation.

Non-seulement tout s'est réduit à des pertes
incalculables pour nous de tous côtés, nous
nous sommes encore trouvés inondés de
troupes étrangères, et nous avons couru le
risque très-grand d'avoir à dédommager de
grandes puissances de ce que nos guerres
leur ont coûté, sinon à les rembourser en
territoire. Heureusement que les égards des

magnanimes souverains pour notre Roi nous ont préservés des maux que le dernier gouvernement avoit attirés sur nos têtes.

Grâces soient rendues aux illustres potentats, ainsi qu'aux bons Français, et en général aux amis de l'humanité, qui ont eu part à la cessation du fléau dévastateur et désolateur de la guerre !

Que vouloient ceux de nos braves qui ont paru regretter la guerre ?

Ils vouloient sans doute que nous employassions toutes les ressources de la bravoure et de la science militaires, qui suppléent au nombre, pour nous emparer de nouveau de ce qui est entre le Rhin et nous. Leur courage ne calcule pas que non-seulement nos alliés nous avoient abandonnés, mais qu'ils détestoient notre dernier gouvernant ; qu'ils avoient dirigé leurs armes contre nous ; que l'inconstante fortune nous avoit tourné le dos ; que nous aurions sacrifié les milliers de braves qui nous restoient, et que vraisemblablement nous aurions éprouvé de nouveaux échecs, de nouveaux revers, de nouveaux désastres.

Je vais leur citer des faits relatifs à des conquêtes faites par nos ancêtres ; ils verront ce qu'il reste ordinairement des conquêtes au bout d'un temps plus ou moins long.

L'Empire Français de Charlemagne.

Celui de nos rois qui fut conquérant et législateur, Charles-le-Grand, dit Charlemagne, fit de grandes conquêtes , long-temps avant qu'il fût question de la balance de l'Europe, quoiqu'alors on n'eût ni troupes réglées, ni fonds pour les subsistances. Il franchit les barrières que la nature semble avoir posées pour limites à la France ; il y joignit la portion de l'Espagne qui est entre l'Ebre et les Pyrénées. Presque toute l'Espagne étoit alors au pouvoir des Sarrasins, originaires de l'Arabie et sectateurs de Mahomet. Ce fut sur eux qu'il conquit cette partie de l'Espagne.

Il réunit à la France toute l'Allemagne, après avoir soumis par trois fois les Saxons, qui, toujours se révoltoient. Il y joignit l'Italie, hors Venise et le royaume de Naples, plus la partie occidentale de la Hongrie. Les Saxons et les Hongrois étoient bien loin d'être ce qu'ils sont aujourd'hui. Les Saxons étoient idolâtres et barbares, au point d'immoler à leurs dieux des prisonniers de guerre. La Hongrie étoit alors occupée par les Huns, descendans des Huns, qui firent de si grands ravages en Allemagne, en Italie et en France, sous Attila leur roi.

Charlemagne fit ces conquêtes sans qu'il y eût en France ni révolution ni calamité, pendant son règne qui fut de quarante-sept ans, de l'année 767 à l'année 814. Il conserva ses conquêtes, et les transmit à ses fils.

Depuis nombre de siècles il ne nous en reste rien, pas même cette étendue de territoire située entre le Rhin et nos frontières.

La Monarchie Française de Naples et de Sicile.

Quarante gentilshommes normands reve-
noient de pélerinage à Jérusalem, l'an 1016;
ils passoient par la ville de Salerne; des
Sarrasins s'en emparoient de vive force. Ils
se joignirent aux habitans, combattirent avec
une valeur héroïque, et sauvèrent Salerne du
joug des Sarrasins.

D'autres Normands se rendirent en Italie,
servirent utilement le duc de Naples contre
le prince de Capoue, reçurent du duc de
Naples un vaste territoire, et bâtirent dessus
en 1029, la ville d'Averse, entre Capoue et
Naples.

· Trois fils de Tancrède, seigneur de Haute-
ville, près de Coutances en Normandie, pas-
sèrent en Italie, et enlevèrent la Pouille aux
Grecs de Constantinople; ils partagèrent
cette conquête l'an 1046.

Robert Guischard, leur cadet., vint les
joindre, avec deux autres de leurs frères.
Cette famille se trouva composée de douze
héros. Guischard conquit, en 1070, la Calabre et la Sicile sur les Grecs et sur les Sarrasins.
Il joignit, à cette conquête, celle du Béné-
ventin, après la mort des ducs de Bénévent.

Robert Guischard, et Roger son frère,
eurent, dans la suite, du Saint-Père, l'inves-
titure de la Pouille, de la Calabre et de la
Sicile. C'est ainsi que des gentilshommes normands fondèrent, dans le onzième siècle,
le royaume de Naples et de Sicile.

Un siècle après, l'an 1192, le royaume

de Naples et de Sicile passa dans la maison des princes de Souabe.

Le Royaume Français de Jérusalem.

Les Français, lors de la première croisade, pour délivrer les chrétiens de l'oppression, prirent Antioche, autrefois capitale de la Syrie et de tout l'Orient, puis Jérusalem, l'ancienne capitale du royaume des Juifs. Ils firent cette conquête sur les Sarrasins, autrement dits les Arabes. Les Turcs alors n'étoient pas maîtres de la Terre-Sainte.

L'an 1099, les Français, dits les Latins, par opposition aux Grecs répandus dans l'Orient, fondèrent le nouveau royaume de Jérusalem. Ce royaume comprenoit la Palestine, la Phénicie, les comtés de Tripoli et d'Edesse, et la principauté d'Antioche.

Godefroy de Bouillon en fut le premier roi.

Il eut des successeurs français jusqu'en 1187, que Saladin, soudan d'Egypte, remporta sur Guy de Lusignan, le dernier de ces rois, une célèbre victoire. Il le fit prisonnier de guerre ; il prit Jérusalem, ainsi que toute la Terre-Sainte, à l'exception de quelques places fortes que les Français perdirent dans la suite, et mit fin au royaume français de Jérusalem.

Il avoit subsisté quatre-vingt-huit ans.

L'Empire Français de Constantinople.

Les Français portés sur des vaisseaux vénitiens, lors de la cinquième croisade, étoient en route pour la Palestine. Isaac Lange, empereur de Constantinople, avoit été détrôné par son frère Alexis Lange, dit le Tyran. Le fils d'Isaac Lange avoit imploré le secours des Français contre l'usurpateur. Ils assiégèrent Constantinople, prirent cette fameuse capitale, et rétablirent sur le trône Isaac Lange.

Isaac Lange meurt, son fils est assassiné. Alexis Ducas, dit Murzulphe, grand-maître de la garde-robe des deux derniers empereurs, et auteur du forfait, s'empare du trône. Les Français reviennent, assiégent de nouveau Constantinople, prennent une seconde fois cette ville, et la gardent.

Alors, en 1203, Baudouin I, comte de Flandres, fut élu empereur de Constantinople, et il eut pour successeurs Henri, son frère, Pierre de Courtenay, Robert de Courtenay, et Baudouin II de Courtenay. C'est cet empire qu'on nomma l'empire des Latins.

Baudouin II, en 1261, fut dépossédé par Michel Paléologue, tuteur des enfans de Théodore Ducas, qui avoit régné à Andrinople. Ainsi finit l'empire des Français à Constantinople.

Cet empire ne dura que cinquante-huit ans.

Le Royaume Français de Naples.

Mainfroi, fils naturel de l'empereur d'Allemagne, Frédéric, s'étoit rendu maître de la Sicile par de grands crimes. Il gouvernoit en tyran. Charles de France, duc d'Anjou, fut appelé en Italie pour être investi des royaumes de Naples et de Sicile.

Il surmonte de grands obstacles, il affronte de grands dangers; il arrive, il fait la guerre au tyran, possesseur des deux royaumes; il gagne une bataille décisive, où le monstre Mainfroi périt, et il se trouve maître, au bout de trois mois, de Naples et de Sicile, l'an 1266.

Un parti très-puissant manqua lui enlever sa conquéte; une grande bataille qu'il gagna le maintint.

Il y avoit huit mille Français en Sicile; ils furent tellement exterminés, l'an 1282, au signal donné par le son des cloches, sonnées pour vêpres, le jour de Pâques, qu'il n'en fut épargné qu'un seul des huit mille. Le roi Charles étoit alors en Toscane.

Charles VIII et Louis XII ont fait aussi la conquête de Naples en très-peu de temps.

Louis XII et François Ier ont fait la conquête du Milanès, sur lequel ils avoient des droits.

Nous n'avons conservé ni Naples ni le Milanès. Nous avons perdu, en Italie, des milliers de guerriers français. Tels sont souvent les résultats des conquétes.

Rendons mille et mille grâces aux bienfaisans monarques qui ont arrêté l'effusion du sang français, et à tous les amis de l'homme qui ont eu part à la cessation des ravages de la guerre!